AUTORES: Francesca Chiapponi, Marina Raffo y Patrick David
TRADUCCIÓN: Ramon Sala Gili
ILUSTRACIONES: Marco Ferraris
CRÉDITOS FOTOGRÁFICOS: Fotolia

Primera edición: marzo de 2010
© Éditions Philippe Auzou, París (Francia), 2007 *Mon petit animalier,
La montagne et la forêt*
© Lectio Ediciones

Edita:
Lectio Ediciones
C/ Violeta, 6 · 43800 Valls
Tel. 977 60 25 91 · Fax 977 61 43 57
lectio@lectio.es · www.lectio.es

ISBN: 978-84-96754-40-9

℗ Impreso en China

Sumario

La montaña y el bosque

El águila	6	
El puma	8	
La marmota	10	
El rebeco	12	
El lince	14	
La lechuza de las nieves	16	
El grizzly	18	
El panda	20	
La llama	22	
El lobo	24	

El oso pardo	26
El búho	28
El zorro	30
La ardilla	32
El ciervo	34
El erizo	36
El jabalí	38
La liebre	40
Juegos	42
Soluciones de los juegos	45

EL ÁGUILA

¿Qué clase de animal es?

El ÁGUILA es una de las aves de la familia de las rapaces ① más grandes que existen. Tiene una vista más aguda ② que la del hombre y una envergadura③ que puede alcanzar los dos metros.

¿En cuántos lugares vive?

A veces, el ÁGUILA construye dos nidos distintos que ocupa alternativamente durante un año, procediendo a su consolidación④ con nuevos materiales, cada vez que se instala en uno de ellos.

¿Cómo caza?

El ÁGUILA divisa a su presa desde una altura de varios cientos de metros y cae sobre ella en picado, atrapándola con sus puntiagudas garras y atacándola con su pico.

¿Y los aguiluchos?

El ÁGUILA pone dos huevos, uno a continuación del otro. En principio, el segundo aguilucho no sobrevive porque toda la comida va a parar al primero que sale del cascarón.

JUEGA Y APRENDE

Su vista es muy aguda   V   F

Inmoviliza a sus presas con el pico   V   F

Construye dos nidos   V   F

Tiene garras puntiagudas   V   F

FICHA DE IDENTIDAD

¿CUÁNTO MIDE?

Entre 70 y 80 cm *

¿CUÁNTO PESA?

Entre 4 y 6 kilos

¿DÓNDE VIVE Y DE QUÉ SE ALIMENTA?

Vive en Europa, Asia, África y América. Come pequeños mamíferos y reptiles, y, si hace falta, carroña.

Palabras que quizá no comprendas

❶ RAPAZ: ave de potente pico curvado que se alimenta de los pequeños animales que caza.

❷ AGUDA: se dice de una vista excepcional.

❸ ENVERGADURA: talla de un pájaro, medida desde la punta de un ala a la otra.

❹ CONSOLIDACIÓN: reforzar y afianzar.

* En pleno vuelo, cuando el águila despliega sus alas, alcanza una anchura de más de 2 metros.

EL PUMA

¿Qué clase de animal es?

El PUMA es un gran mamífero solitario①, de cuerpo esbelto② y ágil. Se le conoce también como «león de las montañas» o «cougar».

¿Cómo caza?

Rápido y astuto, se esconde entre las rocas para acechar a sus presas. En invierno, cuando logra cazarlas, las esconde bajo la nieve.

¿Qué aspecto tiene?

El PUMA tiene el pelo liso de color marrón rojizo o amarillento, la panza③ y el mentón blancos, y los labios blancos y negros. Tiene una larga cola de casi 1 m.

¿Cuál es su territorio?

Los machos ocupan un terreno de aproximadamente 60 km² que a menudo se solapa con el de las hembras, un poco más pequeño (20-50 km²).

JUEGA Y APRENDE

En inglés también se le llama cougar

V   F

Su pelaje es liso

V   F

Oculta a sus presas en la nieve

V   F

Su cola es larga

V   F

¿CUÁNTO MIDE?

Hasta 2 m

¿CUÁNTO PESA?

Entre 35 y 70 kilos

¿DÓNDE VIVE Y DE QUÉ SE ALIMENTA?

Vive en las montañas y bosques de América del Norte y del Sur. Se alimenta de ciervos, corderos, roedores y demás animales pequeños.

Palabras que quizá no comprendas

❶ SOLITARIO: que vive solo.

❷ ESBELTO: de cuerpo delgado y alargado (lo contrario es "macizo").

❸ PANZA: parte inferior de un animal.

LA MARMOTA

¿Qué clase de animal es?

La MARMOTA es un pequeño mamífero roedor, herbívoro, de pelo marrón, con una cola de 16 cm de color negro. Sus dientes incisivos ① son muy grandes.

¿Cómo es su madriguera?

En la primavera, la MARMOTA excava una madriguera ② de diez metros de longitud y tres metros de profundidad. En invierno, hiberna ③ durante un mínimo de ocho meses.

¿Cómo sobrevive?

Al no comer, su cuerpo reduce al mínimo sus funciones vitales ④: el corazón disminuye su latir hasta las cuatro pulsaciones por minuto, tiempo durante el cual sólo respira una vez.

¿Cómo se comporta?

Las MARMOTAS salen todas juntas; algunas van en busca de alimento, mientras otras montan guardia alrededor de la madriguera.

JUEGA Y APRENDE

La marmota entra en…

1 retiro
2 vacaciones
3 hibernación

La marmota come…

1 pájaros
2 peces
3 cereales

Su madriguera es…

1 profunda
2 corta
3 abierta

FICHA DE IDENTIDAD

¿CUÁNTO MIDE?

Entre 50 y 60 cm

¿CUÁNTO PESA?

Entre 4 y 8 kilos

¿DÓNDE VIVE Y DE QUÉ SE ALIMENTA?

Vive en Europa, Asia y América del Norte. Se alimenta de hierbas de montaña, cereales y raíces.

Palabras que quizá no comprendas

❶ INCISIVO: cortante.

❷ MADRIGUERA: refugio de un animal, a menudo bajo tierra.

❸ HIBERNAR: pasar el invierno en completo reposo, sin comer ni salir de la madriguera.

❹ FUNCIONES VITALES: trabajo de los órganos más importantes para la vida.

EL REBECO

¿Qué clase de animal es?

El REBECO es un mamífero de cuernos lisos, cortos, ganchudos① y negros. Tiene un cuerpo flexible y su pelaje② es espeso y áspero③; negro en invierno y más claro en verano.

¿Cómo vive?

Es un animal muy ágil gracias a sus finas pezuñas, adaptadas a la vida en montañas. Su oído④ y olfato⑤ están muy desarrollados.

¿Qué rastro deja?

El REBECO tiene glándulas odoríferas⑥ detrás de los cuernos que segregan sustancias especiales en época de apareamiento.

¿Y las crías?

Siguen a su madre desde que nacen y tras pocos días ya son capaces de saltar entre las rocas.

JUEGA Y APRENDE

Sus cuernos son…
1 cortos
2 largos
3 ásperos

Sus pezuñas son…
1 no tiene
2 grandes
3 estrechas

Los rebecos saltan entre las…
1 dunas
2 olas
3 rocas

¿CUÁNTO MIDE?

Entre 1 y 1,50 m

¿CUÁNTO PESA?

Entre 20 y 50 kilos

¿DÓNDE VIVE Y DE QUÉ SE ALIMENTA?

Vive en Europa y Asia Menor. Se alimenta principalmente de hojas de arbustos, brotes y musgos.

Palabras que quizá no comprendas

❶ GANCHUDO: recurvado, en forma de gancho.

❷ PELAJE: piel de los animales.

❸ ÁSPERO: pelo espeso y recio. Lo contrario de un pelo suave.

❹ OÍDO: uno de los cinco sentidos, que permite percibir los ruidos.

❺ OLFATO: uno de los cinco sentidos, que permite percibir los olores.

❻ ODORÍFERO: que emite un fuerte olor.

EL LINCE

¿Qué clase de animal es?

El LINCE es un mamífero solitario①, muy ágil y dotado de una vista extremadamente penetrante②. Tiene la cola corta y unos curiosos penachos de pelo sobre las orejas.

¿Cómo vive?

En invierno, debido a la escasez de presas, el LINCE a menudo debe recorrer un espacio de 200 km² para satisfacer su necesidad de comer.

¿Cómo corteja a su pareja?

Los machos emiten sonidos muy agudos, parecidos a lamentaciones③. A la vez, las hembras responden a sus llamadas con pequeños aullidos.

¿Cómo caza?

Es silencioso y muy ágil en sus movimientos. Divisa a su presa, se desliza hacia ella y la atrapa con un rápido salto.

JUEGA Y APRENDE

Tiene la cola larga

V   F

Tiene pequeños penachos de pelo sobre las orejas

V   F

Emite sonidos agudos

V   F

Atrapa a sus presas de un salto

V   F

¿CUÁNTO MIDE?

Entre 65 y 130 cm

¿CUÁNTO PESA?

Entre 15 y 30 kilos

¿DÓNDE VIVE Y DE QUÉ SE ALIMENTA?

Vive en Europa, Asia Central y del Norte y en América del Norte. Se alimenta esencialmente de pájaros y mamíferos.

Palabras que quizá no comprendas

❶ SOLITARIO: que no vive en manada.

❷ VISTA PENETRANTE: visión excelente.

❸ LAMENTACIONES: quejas o gritos de dolor.

LA LECHUZA DE LAS NIEVES

¿Qué clase de animal es?

La LECHUZA DE LAS NIEVES es un pájaro diurno①. Puede alcanzar una envergadura de 1,6 m y sus patas están recubiertas con un espeso plumaje que la protegen del frío.

¿Dónde construye su nido?

La LECHUZA DE LAS NIEVES vive en las tierras árticas. Tiene la costumbre de construir su nido sobre un terreno entre dos rocas cubiertas de musgo.

¿Cómo es su plumaje?

Es blanco y negro, completamente maculado②. En invierno se vuelve de color blanco cándido③ a fin de confundirse con la nieve y evitar ser vista por sus predadores④.

¿Cómo caza?

La LECHUZA DE LAS NIEVES, a diferencia de otras especies de lechuzas, caza también de día. Identifica a su presa y la atrapa con sus robustas garras⑤.

JUEGA Y APRENDE

Construye su nido entre las rocas	Tiene las patas recubiertas de un espeso plumaje	Sus plumas son negras	Sólo caza durante el día

V F	V F	V F	V F

¿CUÁNTO MIDE?

Entre 60 y 70 cm

¿CUÁNTO PESA?

Entre 1 y 1,5 kilos

¿DÓNDE VIVE Y DE QUÉ SE ALIMENTA?

Vive en Asia y las regiones del Ártico. Se alimenta principalmente de lemmings, ratones y mamíferos pequeños.

Palabras que quizá no comprendas

❶ DIURNO: que caza y vive durante el día (lo contrario de *nocturno*).

❷ MACULADO: manchado.

❸ BLANCO CÁNDIDO: blanco muy puro.

❹ PREDADOR: enemigo de un animal al que caza para comérselo.

❺ GARRAS: zarpas de una rapaz.

EL GRIZZLY

¿Qué clase de animal es?

El GRIZZLY es un mamífero omnívoro ① de cuerpo mazizo. El color de su pelaje oscila entre el gris claro y el marrón. A pesar de su imponente tamaño, consigue ponerse de pie sobre sus patas posteriores ②.

¿Cómo caza?

Para cazar, se sirve de las largas garras de sus patas anteriores ③ con las cuales es capaz de abatir un bisonte de 450 kilos.

¿Cómo vive?

Los GRIZZLIES adoran meterse en el agua y pasan mucho tiempo en los ríos donde abundan los salmones, bañándose, jugando y obteniendo comida.

¿Acumula grasa?

En otoño, el GRIZZLY come mucho, a fin de acumular reservas de grasa que utilizará durante su larga hibernación ④.

JUEGA Y APRENDE

Se pone de pie sobre sus…

1 patas

2 manos

3 dorso

El grizzly adora…

1 los prados

2 el agua

3 las rocas

Caza con sus…

1 pezuñas

2 garras

3 boca

¿CUÁNTO MIDE?

Entre 2,5 y 3 metros

¿CUÁNTO PESA?

Entre 200 y 320 kilos

¿DÓNDE VIVE Y DE QUÉ SE ALIMENTA?

Vive en América del Norte. Se alimenta sobre todo de plantas y bayas, así como de peces, mamíferos y miel.

Palabras que quizá no comprendas

❶ OMNÍVORO: que come de todo (otros animales, plantas, frutas, etcétera).

❷ PATAS POSTERIORES: extremidades traseras.

❸ PATAS ANTERIORES: extremidades delanteras.

❹ HIBERNACIÓN: reposo completo durante el invierno, sin comer ni salir de su guarida.

EL PANDA

¿Qué clase de animal es?

El PANDA es un mamífero de cuerpo rechon-cho①. Es blanco y negro y, además de sus cinco dedos, tiene un hueso especial en el puño que utiliza como un pulgar.

¿Cómo vive?

El PANDA es un animal solitario ②. Machos y hembras sólo se juntan para aparearse.

¿Qué come?

Su comida preferida son los brotes de bambú. Por desgracia, los bosques de bambú están desapareciendo; una razón por la que corre el riesgo de extinguirse.

¿Y las crías?

La osa PANDA da a luz dos, a veces tres, oseznos. Pero sólo puede criar a uno, que la sigue durante seis meses.

JUEGA Y APRENDE

El panda come…
1. peces
2. bambúes
3. piñas

El panda vive en…
1. Asia
2. África
3. Australia

Se parece a un…
1. gorila
2. koala
3. oso

FICHA DE IDENTIDAD

¿CUÁNTO MIDE?

Entre 1 y 1,5 metros

¿CUÁNTO PESA?

Entre 80 y 160 kilos

¿DÓNDE VIVE Y DE QUÉ SE ALIMENTA?

Vive en China y se alimenta principalmente de tallos de bambú, bayas, frutas y hierba.

Palabras que quizá no comprendas

❶ RECHONCHO: gordito, regordete.

❷ SOLITARIO: que vive solo.

LA LLAMA

¿Qué clase de animal es?

Con su piel tupida que la protege del frío, la LLAMA se parece a un cordero. Pero en realidad es una prima americana de los dromedarios y los camellos.

¿Cómo vive?

La LLAMA ya no vive en estado salvaje: es un animal doméstico desde hace siglos. Es criada por su lana y su carne. Come hierba.

¿Dónde vive?

La LLAMA, hace mucho tiempo, vivía en todas las montañas de América. Hoy en día sólo podemos encontrarla en las montañas de los Andes [1] entre 2.300 y 4.000 metros.

¿La LLAMA escupe?

Si la molestamos, una LLAMA huraña [2] escupe al adversario un potente chorro de líquido constituido por el contenido de su estómago…

JUEGA Y APRENDE

La llama es prima del…

1 cordero

2 dromedario

3 buey

La llama se alimenta de…

1 animales pequeños

2 fruta

3 hierba

La llama se cría…

1 por su lana

2 por sus cuernos

3 para tirar de los carros

FICHA DE IDENTIDAD

¿CUÁNTO MIDE?

Hasta 1,60 m

¿CUÁNTO PESA?

Hasta 135 kilos

¿DÓNDE VIVE Y DE QUÉ SE ALIMENTA?

Las LLAMAS se pasan todo el año en los prados altos de la cordillera de los Andes, donde la hierba es corta pero abundante.

Palabras que quizá no comprendas

 LOS ANDES: también conocidos como cordillera de los Andes, son la gran cadena montañosa de América del Sur.

2 HURAÑA: que tiene un mal carácter.

23

EL LOBO

¿Qué clase de animal es?

El LOBO es un mamífero carnívoro ① cercano al perro, aunque con una cabeza más grande que éste y dientes más afilados ② y robustos. Su pelo oscila entre el gris y el marrón.

¿Cómo se desplaza?

Cuando van de caza, los LOBOS se desplazan siempre en fila india③ y atraviesan extensos territorios de aproximadamente 1.000 km².

¿Cómo vive?

Los lobos viven en jaurías ④ y se ayudan mutuamente ⑤ para cazar, hacer frente a los peligros y proteger a los lobeznos de los predadores.

¿Cómo son sus crías?

Los lobeznos, al nacer, son ciegos y sólo se ponen de pie a partir del décimo día.

JUEGA Y APRENDE

El lobo es un herbívoro	El lobo caza en fila india	Sus crías nacen ciegas	Sus dientes son robustos y agudos
V F	V F	V F	V F

FICHA DE IDENTIDAD

¿CUÁNTO MIDE?

Entre 1 y 1,50 m

¿CUÁNTO PESA?

80 kilos

¿DÓNDE VIVE Y DE QUÉ SE ALIMENTA?

Vive en Europa, Asia y América del Norte. Come ciervos, mamíferos pequeños y bayas.

Palabras que quizá no comprendas

❶ CARNÍVORO: animal que se alimenta de la carne de otros animales.

❷ AFILADOS: cortantes, puntiagudos.

❸ FILA INDIA: uno detrás de otro.

❹ JAURÍAS: manadas de animales (perros, lobos).

❺ MUTUAMENTE: uno para el otro o unos y otros.

EL OSO PARDO

¿Qué clase de animal es?

El OSO PARDO es un mamífero omnívoro①. Tiene una enorme cabeza, las orejas pequeñas, las mandíbulas estrechas, patas con grandes uñas y una corta cola.

¿Cómo caza?

Para localizar su comida, el OSO PARDO se sirve de su olfato, muy desarrollado. En cambio, no disfruta de una vista muy buena.

¿Cómo se comporta?

El OSO PARDO es un animal solitario②. Los machos ocupan un territorio que puede abarcar los 1.000 km², que defienden ferozmente ante todos sus rivales.

¿Cómo son sus crías?

Los oseznos del OSO PARDO nacen en invierno, pesan unos 350 g y permanecen junto a la madre durante dos años.

JUEGA Y APRENDE

El oso pardo tiene una cabeza grande	Al oso pardo le gusta mucho la miel	Los pequeños nacen en verano	Vive en un territorio extenso

V F   V F   V F   V F

¿CUÁNTO MIDE?

Entre 1,50 y 3 m

¿CUÁNTO PESA?

800 kilos

¿DÓNDE VIVE Y DE QUÉ SE ALIMENTA?

Vive en Europa, América del Norte y Asia Central. Se alimenta de plantas, peces, miel, pájaros y roedores.

Palabras que quizá no comprendas

 3 OMNÍVORO: que come de todo (otros animales, plantas, frutas, etcétera).

4 SOLITARIO: que vive solo.

EL BÚHO

¿Qué clase de animal es?

El BÚHO es un corpulento pájaro rapaz con dos penachos de plumas marrón-negro en lo alto de la cabeza y un plumaje gris amarillento.

¿Cómo se las arregla para ver?

El BÚHO tiene un campo visual① muy grande gracias a que puede girar completamente la cabeza sin mover el resto del cuerpo.

¿Cuál es el más grande?

El BÚHO REAL puede tener una envergadura② de 180 cm. Caza de noche en vuelo rasante. Es un hábil predador③ y a veces ataca incluso a animales mayores que él, como el zorro.

¿Es un ave migratoria?

Los BÚHOS que viven en las regiones norteñas son los únicos pájaros de su especie que emigran④. En otoño, vuelan hacia el sur en busca de alimento.

JUEGA Y APRENDE

El búho tiene un cuerpo…

1 largo 2 delgado 3 corpulento

El búho se alimenta de…

1 peces 2 mamíferos 3 frutas

Algunos búhos emigran al…

1 sur 2 este 3 norte

¿CUÁNTO MIDE?

40 cm

¿CUÁNTO PESA?

Entre 1 y 3 kilos

¿DÓNDE VIVE Y DE QUÉ SE ALIMENTA?

Vive en todo el hemisferio septentrional. Se alimenta de mamíferos, pájaros, insectos y, a veces, de reptiles.

Palabras que quizá no comprendas

1 CAMPO DE VISIÓN: lo que se puede ver alrededor.

2 ENVERGADURA: talla de un pájaro, contada desde el extremo de un ala hasta el extremo de la otra.

3 PREDADOR: enemigo de un animal al que caza para comérselo.

4 EMIGRAR: cambiar de territorio o región para establecerse en un lugar más propicio durante una temporada.

EL ZORRO

¿Qué clase de animal es?

El ZORRO es un mamífero de la familia del perro, muy ágil y rápido, con un hocico puntiagudo, una larga cola que puede llegar a medir 45 cm, un espeso pelaje y grandes orejas.

¿Cómo vive?

Vive en el bosque pero se adapta muy bien a todos los ambientes, llegando a aventurarse hasta el extrarradio① de las poblaciones en busca de alimento.

¿Cómo es su pelambre?

El ZORRO tiene un pelo espeso e hirsuto②. Su color oscila entre el gris y el marrón rojizo (el más común). La parte inferior de su hocico③ es de color blanco.

¿De qué se alimenta?

El ZORRO se come principalmente a pequeños mamíferos, pájaros, huevos, peces y bayas.

JUEGA Y APRENDE

¿Dónde vive el zorro?
1 bosque
2 sabana
3 mar

El zorro come…
1 aves
2 hierba
3 piñas

Su pelaje es…
1 rojizo
2 amarillo
3 manchado

FICHA DE IDENTIDAD

¿CUÁNTO MIDE?

100 cm

¿CUÁNTO PESA?

Entre 7 y 10 kg

¿DÓNDE VIVE Y DE QUÉ SE ALIMENTA?

Vive en Europa, América, Norte de África y Asia. Se alimenta de pequeños mamíferos, pájaros, huevos, peces y bayas.

Palabras que quizá no comprendas

1. EXTRARRADIO: barrios apartados de una población, tocando al campo.
2. PELO HIRSUTO: pelo largo, espeso y levantado.
3. HOCICO: morro de los animales.

LA ARDILLA

¿Qué clase de animal es?

La ARDILLA es un roedor de cuerpo ahusado①, ojos grandes, patas con robustas garras, incisivos② muy desarrollados y cola tupida de 15 cm de longitud.

¿Puede volar?

La ARDILLA VOLADORA, la mayor de todas las especies de ardillas, puede planear de un árbol a otro hasta una distancia de 100 m. Es una especie muy distinta de la ARDILLA europea.

¿Para qué utiliza su cola?

La ARDILLA VOLADORA utiliza su cola como un timón③ al planear, un contrapeso cuando se pasea por las ramas y para advertir de algún peligro a sus compañeras.

¿Hiberna?

Tras haber hecho acopio de comida, la ARDILLA pasa el invierno en hibernación④, en el interior de su madriguera⑤.

JUEGA Y APRENDE

La ardilla hiberna	Hay una especie que puede volar	Utiliza su cola para nadar	Vive en el Polo Norte
V F	V F	V F	V F

¿CUÁNTO MIDE?

Entre 20 y 50 cm

¿CUÁNTO PESA?

Hasta 500 g

¿DÓNDE VIVE Y DE QUÉ SE ALIMENTA?

Vive en Europa, Asia y América del Norte. Se alimenta de granos, frutas del bosque, nueces e insectos.

Palabras que quizá no comprendas

1 AHUSADO: de cuerpo alargado y delgado al final.

2 INCISIVOS: dientes delanteros. En los roedores están muy desarrollados.

3 TIMÓN: pieza que permite a los barcos y aviones encarar su rumbo.

4 HIBERNAR: pasar el invierno inmóvil, sin comer ni salir de la madriguera.

5 MADRIGUERA: refugio de un animal, a menudo subterráneo.

EL CIERVO

¿Qué clase de animal es?

El CIERVO es un mamífero rumiante①, muy ágil y con patas flexibles y delgadas. Vive en grupos de entre 20 y 30 individuos, a fin de protegerse contra los ataques de los predadores.

¿Cómo son sus cuernos?

Sólo los machos tienen unas astas denominadas cornamenta, que pierden en primavera para volver a crecer de nuevo al cabo de 50 días. Pueden alcanzar los 90 cm de altura.

¿Cómo vive?

Machos y hembras viven en manadas separadas, y se reúnen únicamente durante el periodo de acoplamiento. Las crías viven con las hembras.

¿Cómo son sus patas?

Cada pata tiene dos dedos recubiertos por pezuñas. Las pezuñas ②, como se puede ver por sus huellas, están separadas.

JUEGA Y APRENDE

El ciervo vive solo
V   F

Cada dedo tiene una pezuña
V   F

El ciervo come carne
V   F

Sólo los machos tienen cuernos
V   F

Palabras que quizá no comprendas

1 RUMIANTE: animal que se alimenta de plantas, a las que traga y almacena en el estómago hasta que las puede hacer regresar a la boca, para masticarlas tranquilamente.

2 PEZUÑAS: recubrimiento de los dedos del pie.

FICHA DE IDENTIDAD

¿CUÁNTO MIDE?

Entre 2 y 2,5 m

¿CUÁNTO PESA?

Entre 90 y 250 kilos

¿DÓNDE VIVE Y DE QUÉ SE ALIMENTA?

Vive en las regiones boscosas del hemisferio septentrional. Come hojas, hierbas, raíces, líquenes y musgos.

35

EL ERIZO

¿Qué clase de animal es?

El ERIZO es un mamífero cuya piel está guarnecida con cerca de 5.000 púas ① rígidas de entre 2 y 3 cm de longitud, orientadas en todas las direcciones.

¿Hiberna?

Durante las estaciones previas al invierno, el ERIZO prepara su madriguera② con hojas y, cuando la temperatura cae por debajo de los 10° C, hiberna ③.

¿Cómo vive?

El ERIZO dormita hasta el anochecer en su madriguera (un hoyo, debajo de un arbusto o dentro de un montón de hojarasca) y al oscurecer sale en busca de alimento (ranas, caracoles, lombrices...).

¿Cómo se defiende?

El ERIZO tiene unos músculos debajo de la piel que le permiten hacerse una bola y proteger su cuerpo levantando las púas.

JUEGA Y APRENDE

El erizo come…

1 hierba   2 ranas   3 miel

El erizo duerme en…

1 una guarida   2 una caverna   3 la arena

El erizo tiene púas…

1 plegables   2 afiladas   3 ásperas

36

FICHA DE IDENTIDAD

¿CUÁNTO MIDE?

Entre 25 y 30 cm

¿CUÁNTO PESA?

Entre 0,4 y 1,5 kilos

¿DÓNDE VIVE Y DE QUÉ SE ALIMENTA?

Vive en Europa y Asia. Se alimenta de insectos, pequeños roedores, ranas y serpientes.

Palabras que quizá no comprendas

❶ PÚA: espina.

❷ MADRIGUERA: refugio de un animal, a menudo excavado bajo el suelo.

❸ HIBERNAR: pasar el invierno en reposo completo, sin alimentarse ni salir al exterior.

EL JABALÍ

¿Qué clase de animal es?

El JABALÍ es un mamífero omnívoro ①, antecesor del cerdo. Tiene un cuerpo rechoncho y su piel es dura. Está provisto de colmillos ② curvados.

¿Es un animal dañino?

Aunque es capaz de provocar grandes destrozos en los campos de cultivo y prados, el JABALÍ también se come las larvas de muchos insectos perjudiciales o peligrosos.

¿Cómo vive?

Vive en piaras con las hembras y los jabatos. Sale de su madriguera por la noche a buscar comida, guiado por sus infalibles ③ olfato y oído.

¿Cómo son las crías?

Los jabatos nacen entre marzo y abril, en madrigueras preparadas al abrigo del bosque. Tienen el pelaje rayado para camuflarse mejor.

JUEGA Y APRENDE

Es el ancestro del…

1 caballo
2 cerdo
3 perro

El jabalí come…

1 plátanos
2 bellotas
3 pulpos

El jabalí vive en…

1 la Antártida
2 América del Sur
3 Europa

Palabras que quizá no comprendas

❶ OMNÍVORO: que su alimentación es muy diversa (otros animales, plantas, frutas, etcétera).

❷ COLMILLOS: dientes muy alargados que rebasan la mandíbula de algunos animales (elefantes, jabalíes, etcétera).

❸ INFALIBLE: siempre excelente, que no se equivoca nunca.

FICHA DE IDENTIDAD

¿CUÁNTO MIDE?

Entre 1 y 1,5 m

¿CUÁNTO PESA?

Entre 60 y 200 kilos

¿DÓNDE VIVE Y DE QUÉ SE ALIMENTA?

Vive en Europa y Asia. Se alimenta de plantas, larvas de insectos y pequeños roedores.

LA LIEBRE

¿Qué clase de animal es?

La LIEBRE no es un conejo salvaje, es un animal distinto que no puede ser criado en cautividad. Más grande que el conejo, sus orejas son más largas. Su piel es de color pardo.

¿Dónde vive?

La LIEBRE vive en los campos, prados y landas. No excava madrigueras en el suelo, sino que se refugia en escondites muy simples.

¿Cómo vive?

La LIEBRE vive sola o en pareja. Come hierba y plantas.

¿Es rápida, la LIEBRE?

Gracias a sus patas posteriores ①, muy largas y musculosas, este animal puede llegar a correr a 70 kilómetros por hora y hacer grandes saltos.

JUEGA Y APRENDE

La liebre excava madrigueras profundas

La liebre vive sobre todo en los campos

La liebre es doméstica ② como el conejo

La liebre salta gracias a su larga cola

V　F　　　V　F　　　V　F　　　V　F

Palabras que quizá no comprendas

❶ PATAS POSTERIORES: patas de detrás.

❷ DOMÉSTICO: animal de compañía.

FICHA DE IDENTIDAD

¿CUÁNTO MIDE?

Hasta 75 cm

¿CUÁNTO PESA?

Hasta 5 kilos

¿DÓNDE VIVE Y DE QUÉ SE ALIMENTA?

La LIEBRE vive en los campos cultivados y en las praderas rodeadas de bosques o matorrales. Come hierba y plantas.

EL JUEGO DE LAS 7 DIFERENCIAS

Entre ambos dibujos, hay 7 diferencias.
¡A ver si las encuentras!

43

Ayuda a la marmota a encontrar su madriguera. ¡Atención! ¡No debe encontrarse ni al puma ni al oso!

SOLUCIONES DE LOS JUEGOS JUEGA Y APRENDE

Página 6   EL ÁGUILA:
verdadero – verdadero – verdadero – verdadero

Página 8   EL PUMA:
verdadero – verdadero – verdadero – verdadero

Página 10   LA MARMOTA:
3 (hibernación) – 3 (cereales) – 1 (profunda)

Página 12   EL REBECO:
1 (cortos) – 3 (estrechas) – 3 (rocas)

Página 14   EL LINCE:
falso – verdadero – verdadero – verdadero

Página 16   LA LECHUZA DE LAS NIEVES:
verdadero – verdadero – falso – falso

Página 18   EL GRIZZLY:
1 (patas) – 2 (agua) – 2 (garras)

Página 20   EL PANDA:
2 (bambúes) – 1 (Asia) – 3 (oso)

Página 22   LA LLAMA:
1 (cordero) – 3 (de hierba) – 1 (por su lana)

Página 24   EL LOBO:
falso – verdadero – verdadero – verdadero

Página 26   EL OSO PARDO:
verdadero – verdadero – falso – verdadero

Página 28   EL BÚHO:
3 (corpulento) – 2 (mamíferos) – 1 (sur)

Página 30   EL ZORRO:
1 (bosque) – 1 (aves) – 1 (rojizo)

Página 32   LA ARDILLA:
verdadero – verdadero – falso – falso

Página 34   EL CIERVO:
falso – verdadero – falso – verdadero

Página 36   EL ERIZO:
2 (ranas) – 1 (madriguera) – 2 (afiladas)

Página 38   EL JABALÍ:
2 (cerdo) – 2 (bellotas) – 3 (Europa)

Página 40   LA LIEBRE:
falso – verdadero – falso – falso

LA SOLUCIÓN DEL JUEGO DE LAS 7 DIFERENCIAS

La ardilla cambia de sentido. • En un dibujo falta un ciervo. • La marmota está girada. • La rana es de un color distinto. • En un dibujo falta una gallina. • En un dibujo falta un roedor. • En un dibujo hay un abeto de más.